A LA MÉMOIRE DE MON PÈRE!

A MA MÉRE,

A MA FAMILLE, A MES AMIS.

FACULTÉ DE DROIT DE TOULOUSE.

THÈSE
Pour la Licence,

EN EXÉCUTION DE L'ART. 4, TIT. II DE LA LOI DU 22 VENTÔSE, AN XII.

PAR

M. MAURICE-ANTONIN FRÉZOULS,

né à Toulouse (Haute-Garonne).

JUS ROMANUM.

DE VERBORUM OBLIGATIONE.

Just. Inst. liv. 3, tit. 15. — Gaius, C. III, § 92, 93. — Pauli Sent. V, § 7.

Obligatio est juris vinculum, quo necessitate adstringimur alicujus solvendæ rei secundum nostræ civitatis jura.

Hæc est ex Pandectis definitio.

Summa divisio obligationum in duo genera deducitur, nam aut civiles sunt, aut prætoriæ quæ etiam honorariæ vocantur. Sed

1855

aliâ ratione quatuor genera sunt obligationum, aut enim ex contractu, aut quasi ex contractu sunt, aut ex maleficio, aut quasi ex maleficio.

Obligationes quæ ex contractu nascuntur ipsæ in quatuor genera dividuntur; aut enim re contrahuntur, aut verbis, aut litteris, aut solo consensu.

De illis tantum quæ verbis contrahuntur, disseretur.

§ 1er

Verborum obligationes vocatæ sunt stipulationes.

Stipulatio fit ex interrogatione et responsione; interrogatione, ab illo factâ qui creditor fit; responsione, ab illo factâ qui fit debitor.

Est stipulatio, ut itâ dicam, species quâ utuntur ut conventionibus majores suppeditent vires, et idcirco vocata est stipulatio, ut ex nominis origine videri potest (1).

Reus stipulandi a Modestino vocatus est ille qui stipulat, et *Reus promittendi* ille qui promittit.

Solebant primum solemnia proferre verba (spondes? spondeo; promittis, promitto....). Nulli pretii erant stipulationes nisi illis verbis Reus stipulendi et Reus promittendi uti fuissent. Sed Leonis constitutio hæc solomnia verba suppressit; partes ex eo tempore potuerunt omnibus, sine uno delectu, verbis uti; dummodo congruerent, et ambo intelligerent quod dicebatur.

Quatuor genera sunt stipulationum; aliæ enim sunt judiciales, aliæ prætoriæ, aliæ conventionales, aliæ communes, tam prætoriæ quam judiciales.

Illæ JUDICIALES vocantur quas judex partibus imponit, quas judex tantum imponere potest. — Talis est de dolo cautio, vel de persequendo servo qui in fuga est, restituendove pretio.

PRÆTORIÆ vocantur illæ stipulationes quas Prætor partibus im-

---

(1). Just. Inst. lib. 3, tit. 15 ad prœm.

ponit, quas Prætor solus imponere potest. Prætor quum actionem creditori dat, actioni vult prospicere. Tunc suâ ipsâ auctoritate, partibus quæ in jus sunt ante illum, mutuis jubet stipulationibus se obligare.

Sed quoque advenit Prætorem, sine nullâ tributâ actione, aliæ parti jubere alteri dare certitudinem : illæ quæ tunc nascuntur stipulationes, prætoriæ sunt. Exemplo dari possunt cautio damni infecti, et cautio legatorum. — In illâ sectione ponere necesse est stipulationes omnes quas possunt Ediles jubere; velut enim Prætor, magistratus sunt Ediles, qui, edictis eorum. ad efficiendum jus honorabile laborant. Sicut Prætor, auctoritatem eorum interponunt, ut aliæ contrahantur stipulationes : exemplo, ut promittatur Stichum servum venditum, aut quadrupedem, ægrotationem non habere.

CONVENTIONALES stipulationes sunt quæ ex conventione utriusque partis concipiuntur; quales tam numerosæ sunt ut volunt partes. Earum enim totidem genera sunt quot, penè dixerim, rerum contrahendarum. — Conventionales fiunt stipulationes, sinè Judicis Prætorisve præsentiâ.

COMMUNES sunt stipulationes , ut præeliximus , tam prætoriæ quam judiciales; — sunt veluti rem salvam fore pupilli, vel de rato stipulatio.

§ 2me

Prædiximus ut, in principio, verbis solemnis utebantur in stipulationibus. Sed quoque prædiximus ipsa solemnia verba necessaria non postea fuisse. Opportet ergo illa non ponere inter stipulationis necessarias partes , — ista autem verba habere sicut adjunctam consensui formulam.

I. Quatuor sunt necessariæ partes stipulationis. 1° Reus stipulandi Reusque promittendi ad stipulationem agendam apti; 2° mutuus consensus; 3° res proposita; 4° tandem causa non turpis.

1° Stipulare non possunt surdi mutique, nec pueri, furiosi,

absentes. Stipulatio in quâ talis esset Reus promittendi vel stipulandi, *inutilis* vocatur. Necessarium autem videtur dicere pupillum stipulationis agere posse, dummodò fiat tutoris consensus totiescumque necessarius est. Qualis consensus solum necessarius est in negotiis quæ pupillo nocere possent. Pupillus ergò sine tutoris consensù non potest Reum promittendi esse ; certè autem potest Reum stipulandi. Non semper ità fuisset ; nam in primis pupillus nec stipulabat, nec promittebat. Et ipsa quæ diximus, non sunt de pupillis omnibus, solum autem de illis qui jam intelligunt quod stipulatur.

Qui in potestate parentis est impubes, nec auctore quidem patre obligatur. Inutilis enim est stipulatio, si vel ab eo stipuleris qui tuo juri subjectus est, vel si is stipuletur à te.

2° Mutuus consensus in stipulationibus necessarius est de omnibus quæ possunt obligationem vel augere vel minuere. Hœc sunt enim ipsa legis verba : inutilis est stipulatio, si quis ad ea quæ interrogatus fuerit, non respondeat (1).

Inutilem quoque stipulationem, nobis istud exemplum docet, cum Reus stipulandi unam rem stipulat, alteramque promittit, Reus promittendi : inutilis enim stipulatio, si hominem Stichum a te quis stipulatus fuerit, tu de Pamphilo senseris quem Stichum vocari credideris (2).

3° Res proposita. Potest proprietatem esse, aut solum usumfructum possessionemve, aut obligationem aliquid fieri vel non fieri (3). Potest stipulata res esse, aut bonorum mobilium aut immobilium ; necesse est autem dicere civem qui olim rem aliquam in possessionem suam habebit, non posse ipsam stipulare rem, in eum casum quo sua sit.

4° Stipulationis tandem causa nec legibus, nec moribus, contraria esse potest.

II. Non solum stipulationis necessariæ partes de quibus præ-

---

(1) Just. inst., liv. 3. tit. 19. § 5.)
(2) Ibid., tit. 20, § 23 ; et Gaius, C. III, § 102).
(3) Just. inst., liv. 3, tit. 15, § 7.

diximus sunt ; sed etiam partes non necessariæ. Reipsâ omnis stipulatio aut *purè*, aut *in diem*, aut *sub conditione* fit (1). Si purè est obligatio, quod stipulatur statim exigere Reus stipulandi potest. *In diem* fit stipulatio, cum ad solvendum, diem prorogatur ; et in hoc casû quod stipulatur, non potest Reus stipulandi ante dictam diem petere. Tandem *sub conditione* facta dicitur stipulatio, cum effectum habere potest solum si tale accidit eventum.

Sed quum impossibilis est repromissio, inutilis stipulatio ; sic (2), si quis Romæ ita stipuletur, *Hodiè, Carthagine dare spondes?* Tandem conditiones (3) quæ ad præteritum, vel præsens tempus referuntur, aut statim infirmant obligationem, aut omninò non differunt.

§ 3.

Si scriptum in instrumento fuerit promisisse aliquem, perindè habetur atque si interrogatione præcedente responsum sit (4).

In hoc jacet stipulationum probatio. Ipsa enim declaratio quæ in instrumento est, contractum optimum fuisse monstrat. In tali re, ille qui adstitisse negaret, non creditus, nisi afferat ipse testimonia minimè dubia, sive ex scriptis, sive ex fidis viris.

Scriptorum loco, stipulatio testimoniis probari potest.

Ex stipulationibus duæ nascuntur stricti juris actiones. Quales actiones sunt in personam, et idcircò condictiones vocantur. Omnes enim in personam tali induuntur nomine, ut actionibus in rem opponantur, quæ vocantur vindicationes. Duæ actionis quæ ex stipulationibus nascuntur, sunt : *condictio certi*, si certa

---

(1) Just. inst., liv. 3, tit. 15, § 2.
(2) Ibid., § 5.
(3) Ibid., § 6.
(4) Pauli sent., lib. 5, tit. 7, § 2.

est obligatio ; et *actio ex stipulatu* (quæ condictio incerti est) si incerta sit. Certa est obligatio, cum ex ipsâ pronunciatione apparet, quid, quale, quantumque sit; et non certa ubi non apparet quid, quale, quantumque est in stipulatione. (L. 74, D. de verb. oblig.)

CODE NAPOLÉON.

DES DONATIONS ENTRE-VIFS ET DES TESTAMENTS.

LIVRE III, TITRE 2.

(articles 1048 à 1100.)

Le Code Napoléon a réuni dans un même titre ce qui concerne les donations, les testaments et ce que l'on a conservé des substitutions. — Dans le Droit romain, ces matières étaient séparées. Elles l'étaient aussi dans l'ancien Droit français. Elles avaient été réglées par trois ordonnances célèbres : l'ordonnance des donations en 1731, celle des testaments en 1735, celle des substitions en 1747. (1)

N'est-il pas permis de regretter que l'on n'ait pas laissé subsister ces divisions afin d'éviter la confusion dans les idées, nécessairement produite par le passage fréquent d'une matière à l'autre ? Cette opinion, du reste, avait été celle des membres de la

---

(1) Ces trois ordonnances furent rédigées par le chancelier d'Aguesseau.

commission chargée de rédiger le projet du Code; ils avaient séparé les donations des testaments.

Mais il est facile d'expliquer la réunion de ces matières dans un même titre. Plusieurs dispositions, et l'on pourrait même dire les plus importantes, leur sont communes; ainsi, par exemple, la quotité disponible est la même, et de plus, par donation comme par testament, on dispose de ses biens à titre gratuit.

D'après l'art. 893, il y a deux modes de disposition à titre gratuit. L'art. 894 indique l'un d'eux : la donation entre-vifs; l'art. 895 indique l'autre : le testament.

La donation entre-vifs, dit l'art. 894, est un acte par lequel le donateur se dépouille actuellement et irrévocablement de la chose donnée, en faveur du donataire qui l'accepte.

Le testament (art. 895) est un acte par lequel le testateur dispose, pour le temps où il n'existera plus, de tout ou partie de ses biens, et qu'il peut révoquer.

Les modes de disposition gratuite étaient fort nombreux dans le Droit romain. On comptait : la donation entre-vifs; la donation à cause de mort, et celle par acte de dernière volonté; l'institution d'héritier; les legs; enfin les fidéicommis. — L'ensemble de ces règles avait d'abord été admis dans nos pays de Droit écrit; mais bientôt il fut rejeté.

L'ancien Droit français reconnaissait trois modes de disposer à titre gratuit : la donation entre-vifs, la donation à cause de mort, enfin le testament.

Lorsque la donation transportait au donataire un droit *actuel* et *révocable*, elle était *entre-vifs*; au contraire, elle était *à cause de mort*, lorsque, révocable au gré du donateur, elle était subordonnée, quant à ses effets, à la survie du donateur ou du donataire.

La donation à cause de mort avait des règles propres; elle avait aussi des règles communes, car elle participait à la fois de la donation entre-vifs et du testament. — Il fallait donc déterminer la nature de la libéralité que le donateur avait entendu faire. Cette distinction, difficile à établir, était souvent la source de procès.

L'ordonnance de 1731, dont nous avons déjà parlé, voulut mettre un terme à ces difficultés. Elle n'abrogea point l'usage des donations à cause de mort, mais elle en détermina la forme, en décidant que ces donations ne pourraient être valables à moins qu'elles ne fussent revêtues des formalités des testaments. Le Code est allé plus loin que cette loi, et la prohibition de l'art. 893 nous semble formelle.

Cependant la plupart des auteurs pensent que la donation à cause de mort n'est pas proscrite au fond, et qu'elle ne l'est que dans la forme. Ils disent que si, par exemple, un légataire intervient dans un testament pour recevoir le legs à la charge de le rendre si le testateur ne meurt pas de la maladie dont il est atteint au moment du testament, cet acte est valable quoique présentant tous les caractères de la donation à cause de mort. Ces auteurs fondent leur opinion sur ce que la loi ne défend pas au légataire d'intervenir dans le testament et de se soumettre à une condition, pourvu toutefois que, conformément aux dispositions des art. 970 et 975 du Code Napol., il n'écrive rien de sa main dans le corps du testament, s'il est olographe, et ne comparaisse pas comme témoin, s'il est par acte public.

Quoiqu'il en soit, l'art. 893 dit expressément : on ne pourra disposer de ses biens, à titre gratuit, que par donation entre-vifs ou par testament.

Il faut donc croire que la pensée du législateur de 1803 a été d'abolir la donation à cause de mort. — Dans tous les cas, il est au moins juste de dire que la loi ne reconnaît plus la donation à cause de mort, dans le sens que l'ancien droit attachait à ce mot, c'est-à-dire comme formant un genre de disposition à titre gratuit, distinct de la donation entre-vifs et du testament.

Nous n'avons à nous occuper ici que des quatre derniers chapitres du titre des donations entre-vifs et testaments,

I

Des dispositions permises en faveur des Petits-Enfants du donateur ou testateur, ou des Enfants de ses frères et sœurs.

I. L'art. 896 du Code Napoléon dit formellement : les substitutions sont prohibées.

Cependant, on ne peut nier que les dispositions dont il est parlé dans le chapitre dont nous nous occupons sont de véritables substitutions. Voici ce que TOULLIER (1) écrivait à ce sujet : « Les dispositions permises en ce chapitre sont de véritables
» substitutions, quoiqu'on ait eu la faiblesse de vouloir en éviter
» le nom, par haine contre les anciennes substitutions. Cepen-
» dant les abus qu'entraînaient celles-ci ne se retrouvent point
» dans les nouvelles qui sont admises dans un autre esprit, et
» qui sont bornées au premier degré. »

Quelles sont donc les substitutions que l'art. 896 a entendu prohiber ?

En Droit romain, on distingua d'abord deux sortes de substitutions : la substitution vulgaire et la substitution pupillaire, de laquelle, dit M. ORTOLAN, « Justinien a tiré, par analogie,
» une troisième espèce nommée par les commentateurs substi-
» tution quasi-pupillaire ou exemplaire. »

Ce n'est aucune de ces trois substitutions que l'art. 896 a voulu prohiber. En effet, l'art. 898 autorise formellement la première, et il était inutile que la loi s'occupat des deux autres : la loi n'a pas besoin de défendre de tester pour autrui.

Pour comprendre les prohibitions de l'art. 896, il faut rappeler que le mot de substitution a un sens différent dans notre Droit français de celui qu'il avait en Droit romain. En Droit français, le mot *substitution* désigne les dispositions avec charge de rendre ; en Droit romain, ces sortes de dispositions rentraient

---

(1) Tome 5, n° 720.

dans la classe des fidéicommis. Les fidéicommis passèrent dans notre droit sous la dénomination de *substitutions fidéicommissaires*. Bientôt cette locution fut trouvée trop longue ; le mot *fidéicommissaires* fut retranché ; le premier seulement resta. Ce sont précisément ces substitutions fidéicommissaires que l'art. 896 a voulu prohiber.

Ainsi, il suffit de se rappeler ce que c'était que la substitution fidéicommissaire, que l'on peut appeler maintenant substitution *prohibée*. Un auteur contemporain (1) a donné une définition exacte de la substitution prohibée ; il la définit : la transmission d'un bien qui, *à la mort du donataire* ou *légataire*, doit passer, non pas à ses héritiers légitimes ou testamentaires, mais à une personne désignée par le disposant, si cette personne est d'ailleurs capable de recevoir à cette époque.

Après cette digression un peu longue peut-être, mais nécessaire, revenons à notre texte.

Aux termes de l'article 1048 : les biens dont les pères et mères ont la faculté de disposer (2), pourront être par eux donnés, en tout ou en partie, à un ou plusieurs de leurs enfants, par actes entre-vifs ou testamentaires, avec la charge de rendre ces biens aux enfants nés et à naître, au premier degré seulement, desdits donataires.

D'après l'art. 1049, est valable, en cas de mort sans enfants, la disposition que le défunt aura faite par acte entre-vifs ou testamentaire, au profit d'un ou plusieurs de ses frères ou sœurs, de tout ou partie des biens qui ne sont point réservés par la loi dans sa succession, avec la charge de rendre ces biens aux enfants nés ou à naître, au premier degré seulement, desdits frères ou sœurs donataires.

Enfin, l'art. 1050 est ainsi conçu : les dispositions permises par les deux articles précédents ne seront valables qu'autant que

---

(1) M. Mourlon.
(2) V. art. 913, de la portion des biens disp.

la charge de restitution sera au profit de tous les enfants nés et à naître du grevé, sans exception ni préférence d'âge ou de sexe.

Voilà donc une modification apportée par les art. 1048 et 1049 au principe de l'art. 896 que nous avons développé plus haut. D'après ces articles, on peut donner à un comme à plusieurs enfants, à un comme à plusieurs frères ou sœurs, avec charge de restitution. Mais les principes d'égalité absolue qui dominèrent dès le commencement de la révolution, reparaissent ici, et le texte de l'art. 1050, déjà cité, nous apprend que la disposition dont il s'agit n'est point valable si la charge de restitution n'est point au profit de tous les enfants nés et à naître du grevé, sans aucune exception ni préférence. La disposition est encore nulle, aux termes des articles cités, si la charge de restitution s'étend au-delà d'un degré.

La loi du 17 mai 1826 avait introduit en cette matière des changements notables. Voici le texte de cette loi :

« Les biens dont il est permis de disposer, aux termes des
» art. 913, 915 et 916 du Code Napoléon, pourront être
» donnés en tout ou en partie, par acte entre-vifs ou testamen-
» taire, avec la charge de les rendre à un ou plusieurs enfants
» du donataire, jusqu'au deuxième degré inclusivement.

« Seront observés, pour l'exécution de cette disposition, les
» art. 1054 et suivants du Code Napoléon, jusques et y com-
» pris l'art. 1074. »

Trois changements d'une grande importance avaient donc été introduits par cette loi.

1° Elle permettait de donner le disponible, avec charge de restitution, même aux étrangers, tandis que le Code n'autorise cette disposition que lorsqu'elle a lieu en faveur des enfants du disposant, ou de ses frères ou sœurs dans le cas où il ne laisse pas d'enfants ;

2° Le Code exige que la charge de rendre soit établie au profit de tous les enfants nés et à naître du donataire ou légataire, au lieu que la loi de 1826 autorisait la disposition avec charge de restitution au profit d'un seul, comme au profit de plusieurs enfants;

3° Le Code ne permet de faire la disposition dont il s'agit qu'au profit des enfants du premier degré du donataire ou légataire; la loi de 1826 l'autorisait au contraire au profit de deux degrés.

Cette loi n'est plus en vigueur. Nous avons été replacés sous l'empire du Code Napoléon par une loi de l'Assemblée constituante, qui fut rendue, sur le rapport d'un savant professeur de la Faculté de Paris, M. Valette, le 7 mai 1849.

L'abrogation de la loi de 1826 est-elle un bien, est-elle un mal? La question est peut-être difficile à résoudre. Cependant, on ne peut contester que la loi de 1826 annulait presque l'art. 896 qui prohibe les substitutions, et qu'à ce titre, son abrogation doit être regardée comme un bien. On a dit, en parlant de la loi de 1826: « Elle eut pour objet de constituer une aristocratie de fortune dans la classe bourgeoise, en permettant de concentrer sur la tête d'un seul des enfants du grevé tout le bénéfice de la substitution; ce fut un retour vers le passé. »

II. Une grande question s'est élevée à propos de l'art. 1048. C'est celle de savoir si les ascendants autres que le père et la mère, c'est-à-dire l'aïeul et l'aïeule, le bisaïeul et la bisaïeule, ne peuvent pas faire les dispositions autorisées par cet article lorsque le père ou la mère du donataire est prédécédé.

La solution de cette question a été vivement controversée.

Lorsque l'article 1048 fut communiqué au Tribunat, les observations suivantes furent faites (1). « La section est d'avis de dire: les biens dont les pères et mères, *et autres ascendants*, etc..... à un ou plusieurs de leurs enfants *ou descendants successibles*, etc.... »

Mais la première rédaction fut conservée.

M. Duranton, dont l'autorité est incontestable, regrette que les observations dont nous venons de parler n'aient pas fait

---

(1) Conférences du Code Civil

changer la rédaction de l'art. 1048, et il adopte de préférence l'opinion qui accorde aux ascendants le droit de disposer, à charge de restitution, en faveur de leurs descendants, dans le cas où le père ou la mère est prédécédé. « Comme il y avait même raison, dit-il, d'autoriser la substitution dans le cas dont il s'agit, que dans celui littéralement prévu dans cet article, nous sommes portés à croire que si l'on n'a pas amendé sa rédaction sur les observations faites par le Tribunat, c'est parce qu'on a jugé que cela était superflu, ou parce qu'on a oublié de le faire. On doit en général s'attacher à l'esprit de la loi plutôt qu'à sa lettre. »

M. Valette est de l'opinion contraire. D'après lui, un aïeul ne peut pas faire une libéralité à son petit-fils, en lui imposant la charge de rendre à ses enfants. (1)

Cette opinion paraît plus rationnelle que la première. D'abord, la matière des substitutions est trop importante pour que l'on puisse forcer le sens des textes. Or, ici, le texte est formel. En second lieu, est-on en droit, comme le fait M. Duranton, de décider que si la rédaction de l'art. 1048 n'a pas été modifiée, c'est par oubli ou parce que l'amendement qui fut proposé parut superflu ? Ne serait-il pas, au contraire, plus prudent de dire que, puisque les procès-verbaux font foi d'un amendement proposé, cet amendement fut discuté sérieusement, et qu'il fut rejeté après un examen approfondi. Il n'y a rien d'étrange, après tout, à ce que le législateur accorde au père un avantage qu'il refuse à l'aïeul, quoiqu'il n'eût blessé, en le lui accordant, ni la justice, ni la morale.

Quant à la discussion qui s'est élevée pour savoir quel sens on doit donner à ces mots : *au premier degré* (veulent-ils dire degré de *substitution*, veulent-ils dire au contraire degré de *parenté*)? l'opinion commune est, malgré M. Delvincourt, que le législateur a entendu parler du degré de parenté, et non du degré de substitution.

---

(1) Telle est aussi l'opinion de M. Zachariæ, t. V, p. 275.

III. Examinons maintenant en peu de mots les dispositions des art. 1051 et suivants jusqu'à l'art. 1074. La longueur des matières que nous avons à traiter ne nous permet de développer que les questions les plus importantes.

La représentation a-t-elle lieu en matière de substitution? oui (art. 1051) lorsque le grevé de restitution au profit de ses enfants, meurt, laissant des enfants au premier degré et des descendants d'un enfant prédécédé. Ceux-ci recueillent par représentation, la portion de leur père ou mère. Mais il n'en est point ainsi lorsque tous les enfants du grevé sont prédécédés ; la représentation n'a plus lieu au profit de ses petits enfants. Les biens font partie de la succession du grevé et sont partagés comme les biens propres.

Lorsqu'un donataire a reçu des biens par acte entre-vifs, sans charge de restitution (1052); que postérieurement il accepte du même donateur par acte entre-vifs ou testamentaire, sous la condition que les biens précédemment donnés demeureront grevés de cette charge, une nouvelle donation, il ne lui est plus permis de renoncer à la seconde donation pour s'en tenir à la première. Mais si des tiers ont acquis des droits sur les biens qui formaient l'objet de la première donation, la substitution faite après coup n'a point, relativement à eux, d'effet rétroactif. (1)

Les droits des appelés sont ouverts à l'époque où, par quelque cause que ce soit, la jouissance du grevé de restitution cesse. L'abandon anticipé de la jouissance au profit des appelés, ne peut préjudicier aux créanciers du grevé, antérieurs à l'abandon (1053).

Il est incontestable que si l'appelé survit au grevé de substitution, il est sensé tenir les biens du disposant lui-même, et le grevé est sensé n'avoir jamais été propriétaire. L'appelé peut donc renoncer à la succession du grevé et prendre seulement les

---

(1) V. Toullier, n° 733.

IV.

Des dispositions entre Epoux, soit par contrat de mariage, soit pendant le mariage.

Rien n'est plus juste que l'autorisation donnée par la loi aux époux de se faire, soit réciproquement, soit l'un des deux à l'autre, des donations.

Dans l'ancien Droit romain, la femme était dans un état d'asservissement complet à l'égard de son mari ; elle était, pour ainsi dire, une *chose* lui appartenant. Aussi, n'y avait-il point de possibilité de donations. Mais les mœurs presque féroces des premiers Romains s'adoucirent peu à peu sous l'influence de la civilisation. Par suite, la législation prit un caractère différent. Les époux purent se faire réciproquement des donations, sous la condition, toutefois, que le donateur persévérerait jusqu'à sa mort dans la volonté de donner.

D'après M. GRENIER (1), il est très-essentiel de rappeler ces principes, car ils avaient passé dans le Droit français, « au moins, dit-il, pour les pays de droit écrit ; et ils y ont été pratiqués jusqu'à *nos jours*, d'après l'art. 46 de l'ordonnance de 1731..... D'ailleurs, il est resté des traces de cette même législation dans le Code Napoléon..... »

Les époux peuvent par contrat de mariage (art. 1091), se faire réciproquement, ou l'un des deux à l'autre, telle donation qu'ils jugeront à propos. Ils peuvent donc se faire des donations de biens présents, des donations de biens à venir, enfin des donations cumulatives de biens présents et à venir (art. 1092-1093).

La donation de biens présents faite entre époux par contrat de mariage n'est point censée faite sous la condition de survie

---

(1) Discours Hist. sur l'anc. législ. relat. aux donat., etc.

du donateur, si cette condition n'est formellement exprimée. Quoique le propre de toute donation de biens présents soit précisément de transférer au donataire un droit *actuel irrévocable* et *transmissible*, la loi a fait sagement de s'expliquer ainsi, car, suivant les principes du droit écrit, il en était des donations de biens présents comme des donations de biens à venir : elles étaient censées faites sous la condition de survie du donataire.

Les donations de biens à venir, ou de biens présents et à venir, faites entre époux par contrat de mariage, sont soumises aux mêmes règles que les donations qui leur sont faites par des tiers et dont nous avons déjà parlé. Il y a cependant une exception remarquable : les biens formant l'objet de ces donations ne sont point transmissibles aux enfants issus du mariage, au cas de décès de l'époux donataire avant l'époux donateur.

Les époux peuvent se faire des donations mutuelles ou réciproques, comme des donations simples ; et si la donation est mutuelle et qu'elle devienne caduque à l'égard de l'une des parties, elle produit toujours ses effets à l'égard de l'autre.

Est-il nécessaire que les futurs époux qui se font des donations soient majeurs ? non, d'après l'article 1095. Mais le mineur ne pourra faire ces donations qu'avec le consentement et l'assistance des personnes dont le consentement est requis pour la validité de son mariage. Avec ce consentement il a les mêmes libertés que s'il était majeur.

Nous trouvons ici un principe émis par l'art. 1096 : les donations faites entre époux *pendant le mariage*, quoique qualifiés entre-vifs, sont toujours révocables, qui prouve avec quelle sollicitude la loi veille à la conservation des droits de chacun des époux. En effet, le législateur, en émettant ce principe, a pensé que, le plus souvent, les donations faites pendant le mariage étaient consenties par l'un des époux à cause de l'influence que l'autre avait sur lui ; « à côté du mal, il a placé le remède. » — Cette révocation peut être faite par la femme, sans y être autorisée par le mari, ni par justice. — Les donations dont nous

nous occupons ne sont point révoquées par la survenance d'enfants. —Enfin, (art. 1097) les époux ne peuvent, pendant le mariage, se faire, ni par acte entre-vifs, ni par testament, aucune donation mutuelle et réciproque par un seul et même acte.

Rapprochons maintenant le texte de l'art. 1094 du texte de l'art. 1098, et examinons quelle est la *quotité disponible entre époux*.

Le texte de la loi le dit suffisamment, il y a deux cas bien distincts : celui où le donateur ne laisse pas d'enfants d'un premier mariage; celui au contraire où il a des enfants d'un autre lit. En second lieu, il faut distinguer, dans la première hypothèse, le cas où l'époux laisse des ascendants et celui où il n'en laisse pas.

Si le disposant est mort sans enfants, laissant un ou plusieurs ascendants, qu'a-t-il pu donner à son conjoint? La moitié ou les trois quarts de ses biens en toute propriété, suivant qu'il a laissé des ascendants dans une des lignes ou dans les deux, et de plus l'usufruit de la réserve des ascendants. — Cela réduit à une nue-propriété la réserve des ascendants, ce qui rend cette disposition fort bizarre. Tous les auteurs l'ont critiquée. M. Duranton s'exprime ainsi : « Comme les *ascendants* sont plus âgés d'une génération que l'époux donataire, du moins généralement, ils ne jouiront que rarement des biens; en sorte que s'ils ont des besoins, ils seront réduits à vendre, et quelquefois à vil prix, la nue-propriété qui leur est réservée, tandis qu'il eût été plus convenable qu'elle fût conservée dans la famille. »

Si le donateur a laissé des enfants issus de son mariage avec le donataire, il peut lui donner : un quart en pleine propriété, et un quart en usufruit, ou la moitié en usufruit seulement.

Enfin, qu'a pu donner le disposant à son conjoint, s'il laisse des enfants issus d'un précédent mariage? — Il a pu donner une part d'enfant légitime le moins prenant, sans que, dans aucun cas, elle puisse dépasser le quart.

Une question se présente naturellement ici. C'est celle de savoir comment il faut entendre l'art. 1098 dans le cas où une personne qui a des enfants d'un précédent mariage s'est remariée plusieurs fois. La solution de cette question divise les auteurs. — M. Duranton, qui combat violemment Toullier, prétend que l'on peut donner successivement à chaque nouveau conjoint une part d'enfant, à la condition toutefois que ces donations, jointes à celles faites à des étrangers, n'excèderont point la quotité disponible ordinaire. — Il paraît plus raisonnable d'admettre avec Pothier, dont les rédacteurs du Code semblent avoir adopté l'opinion, que tous les conjoints pris ensemble ne pourront pas recevoir plus qu'une part d'enfant.

Enfin la loi, art. 1099, prohibe toutes les donations déguisées ou par personnes interposées qui pourraient être faites entre époux. Sont réputées faites à personnes interposées, les donations de l'un des époux aux enfants ou à l'un des enfants de l'autre époux issus d'un autre mariage, et celles faites par le donateur aux parents dont l'autre époux sera héritier présomptif au jour de la donation, encore que ce dernier n'ait point survécu à son parent donataire (art. 1100).

CODE DE PROCÉDURE.

DES MATIÈRES SOMMAIRES,

Liv. II, tit. XXIV.

« On appelle particulièrement *matières sommaires*, dit M.
» Chauveau (1), les affaires autres que les *causes commercia-*

---

(1) M. Chauveau sur Carré, t. III, p. 475.

» *les*, qui exigent une instruction simple et rapide; soit, comme
» à l'égard de ces dernières, parce que les parties éprouveraient
» préjudice des délais et des lenteurs de la procédure ordinaire,
» soit parce que la contestation ne présente qu'un intérêt peu
» considérable, dont la valeur pourrait être absorbée par les
» frais; soit enfin parce qu'elle est d'autant plus simple et plus
» facile à juger, qu'il ne s'élève aucun débat sur le ti-
» tre. »

La division des affaires en affaires ordinaires et affaires sommaires est déjà ancienne; on la trouve dans le titre XVII de l'ordonnance de 1667, aussi formellement établie que dans notre Code.

Quelles sont les matières sommaires? L'art. 404 du Code de Proc. les énumère. Ce sont : les appels de juges de paix; — les demandes pures personnelles, à quelque somme qu'elles puissent monter, quand il y a titre. pourvu qu'il ne soit pas contesté; — les demandes formées sans titre, lorsqu'elles n'excèdent pas mille francs; — les demandes provisoires ou qui requièrent célérité; — les demandes en paiement de loyers et fermages et arrérages de rentes.

Après avoir ainsi énuméré les matières sommaires, le Code nous apprend comment elles doivent être instruites, comment elles doivent être jugées. Et à cet égard, dit avec raison l'auteur que nous citions tout-à-l'heure, ses dispositions présentent autant d'exceptions aux règles de la procédure ordinaire.

Les matières sommaires doivent être jugées à l'audience, après les délais de la citation échus, sur un simple acte, sans autres procédures ni formalités. — Les demandes sommaires s'introduisent par un ajournement comme les demandes ordinaires. Cet ajournement doit-il être précédé du préliminaire de la conciliation? Oui, en général, excepté lorsqu'il y a disposition formelle de la loi, comme pour les §§ 1, 4 et 5 de l'article 404. (V. art, 49 Cod. de Procéd.).

Les demandes incidentes et les interventions doivent être formées par requête d'avoué, qui ne pourra contenir que des demandes motivées. — Les auteurs ne sont point d'accord sur la question de savoir si l'on peut répondre par des conclusions motivées, aux requêtes dont nous venons de parler. Cependant, la plupart d'entre eux et les plus recommandables, MM. Pigeau, Chauveau, Dalloz, etc., pensent qu'on ne peut répondre par écrit, et que c'est dans la plaidoirie que doit être donnée la réponse.

Après l'art. 406, dont nous venons de nous occuper, tous ceux qui restent, de notre titre, sont relatifs aux enquêtes qui peuvent être ordonnées en matière sommaire.

Il faut tout d'abord signaler une différence capitale entre ces enquêtes et les enquêtes ordinaires. Les premières se font publiquement, à l'audience; les secondes, au contraire, se font devant un juge commissaire qui, après avoir entendu les témoins, dresse procès-verbal de leurs dépositions. — C'est depuis l'ordonnance de 1667, dont nous avons déjà parlé, que les enquêtes sommaires se font publiquement.

« S'il y a lieu à enquête, dit l'art. 407, le jugement qui
» l'ordonnera contiendra les faits *sans qu'il soit besoin de les*
» *articuler préalablement*, et *fixera* les jour et heure où les té-
» moins seront entendus à *l'audience*. »

Les témoins devront être assignés au moins un jour avant celui de l'audition. — C'est là une confirmation de l'art. 260, au titre des enquêtes. — Si l'une des parties demande prorogation, l'incident sera jugé sur le champ (art. 408-409).

La loi établit une distinction qu'il est important de faire remarquer. Elle distingue le cas où le jugement à intervenir ne sera pas susceptible d'appel, et celui, au contraire, où il pourra être attaqué par cette voie. — Dans le premier cas, il n'est point dressé de procès-verbal de l'enquête; il est seulement fait mention, dans le jugement, des noms des témoins et du résultat de leurs dépositions. — Dans le second, au contraire, il doit être dressé un procès-verbal contenant les serments des témoins, leur déclaration s'ils sont parents, alliés, serviteurs ou domestiques des parties, les reproches qui ont été formés contre eux, et le résultat de leurs dépositions. — Cela s'explique facilement; le législateur a voulu que les juges du tribunal supérieur devant lequel l'appel sera déféré, puissent être éclairés sans recommencer l'enquête.

Ces principes sont émis par les art. 410 et 411.

L'art. 412 autorise le tribunal, au cas où les témoins sont éloignés ou empêchés, à commettre le tribunal où le juge de paix de leur résidence. Dans ce cas, l'enquête doit être rédigée par écrit; — il en est dressé procès-verbal.

Enfin, l'art. 413 et dernier confirme, pour les enquêtes sommaires, certaines règles tracées pour les enquêtes ordinaires (au titre XII). Ce sont celles relatives aux formalités suivantes : la copie, aux témoins, du dispositif du jugement par lequel ils sont appelés; copie, à la partie, des noms des témoins; l'amende et les peines contre les témoins défaillants; la prohibition d'entendre les conjoints des parties, les parents et alliés en ligne directe; les reproches par la partie présente, la manière de les juger, les interpellations aux témoins, la taxe; le nombre des témoins dont les voyages passent en taxe; la faculté d'entendre les individus âgés de moins de quinze ans révolus.

DROIT CRIMINEL.

De l'audition des témoins par le juge d'instruction.

« L'instruction écrite, a dit M. Mangin, comprend tous les actes de la procédure criminelle tendant à constater les crimes et les délits, à en rassembler les preuves et à mettre les chambres du conseil des tribunaux de première instance, ainsi que les chambres d'accusation des Cours royales, en état de statuer sur la mise en prévention ou la mise en accusation du prévenu et de désigner la juridiction compétente pour le juger. »

L'audition des témoins par le juge d'instruction est une des parties les plus importantes de l'instruction écrite. Le Code d'instruction criminelle a traité cette matière dans les art. 71 et suivants.

Il ne faut point s'étonner si la législation a entouré de certaines formalités l'audition des témoins devant le juge d'instruction, afin de donner des garanties au prévenu. En effet, dans le système de notre Code, les dépositions écrites ne sont plus, comme autrefois, de simples indices, de simples renseignements. Elles jouent au contraire un grand rôle, puisque c'est sur ces dépositions, et non sur des dépositions orales, que la mise en acccusation du prévenu est prononcée. De plus, devant ls Cour d'assises par exemple, et après l'audtion de chaque témoin, l'avocat ou le ministère public compare toujours la déposition qu'il vient d'entendre avec la déposition écrite du témoin, et s'empare du moindre chengement, de la moindre différence, pour en tirer des conséquences favorables soit à la défense, soit à l'accusation. — Le juge d'instruction doit donc apporter tous ses soins à cette partie si importante de ses fonctions.

Les témoins (art. 71, 72 et 74) doivent être appelés par une citation préalable ; ils doivent représenter cette citation avant d'être entendus, et il en doit être fait mention dans le procès-verbal. Cette citation doit être faite par un huissier ou un agent de la force publique, à la requête du procureur impérial. Doivent être citées par le juge d'instruction, toutes les personnes indiquées par la dénonciation, la plainte, le procureur impérial, ou *autrement*, comme ayant connaissance soit du crime ou délit, soit de ses circonstances.

Les témoins doivent, aux termes de l'art. 75, être entendus

séparément et hors de la présence du prévenu, par le juge d'instruction assisté de son greffier. — Il n'y a donc que ces deux fonctionnaires qui peuvent entendre les témoins. Mais s'il arrive que ceux-ci ne parlent pas la langue française, le juge doit nommer un interprète, ayant au moins vingt-un ans, et lui faire jurer : « de traduire fidèlement les discours à transmettre « entre ceux qui parlent des langues différentes. » — Et s'il arrive que le témoin, étant sourd et muet, ne sait pas écrire, le juge nommera d'office, pour son interprète, la personne qui aura le plus d'habitude de converser avec lui. — Ces deux règles, qui résultent du texte des art. 332 et 333 du Code d'inst. crim., pour l'audition des témoins devant la Cour d'assises, doivent, par analogie, s'appliquer à l'audition des témoins par le juge d'instruction.

Les témoins (art. 75) doivent prêter serment de dire toute la vérité, rien que la vérité. Le juge doit leur demander leurs noms, prénoms, âge, état et profession, demeure, s'ils sont domestiques, parents ou alliés des parties, et à quel degré. — Il doit être fait mention de la demande et des réponses des témoins. — Aux termes de l'art. 79, les enfants de l'un et de l'autre sexe, au-dessous de l'âge de quinze ans, peuvent être entendus par forme de déclaration, et sans prestation de serment.

Les dépositions (art. 76) doivent être signées du juge, du greffier et du témoin, après que lecture lui en aura été faite, et qu'il aura déclaré y persister; — si le témoin ne veut ou ne peut signer, il doit en être fait mention. — Chaque page du cahier d'information doit être signée par le juge et le greffier.

Toutes les formalités que nous venons d'énumérer doivent être remplies, à peine de cinquante francs d'amende contre le greffier; et même, s'il y a lieu, de prise à partie contre le juge d'instruction (art. 77). La même peine est applicable, si les règles contenues en l'art. 78 ne sont point observées.

Arrêtons-nous un instant sur l'art. 80, et remarquons les mesures coërcitives que le juge d'instruction est autorisé à prendre contre le témoin qui n'obéit point à la citation. Il peut, aux termes de cet article, sur les conclusions du ministère public, prononcer sans délai et sans appel, une amende de cent francs, et ordonner que la personne citée sera *contrainte par corps* à venir donner son témoignage. Le sens de ces mots, *contrainte par corps,* est ici assez équivoque, et il faut se garder de leur donner celui qu'ils ont d'ordinaire; il faut, au contraire, les entendre dans un sens particulier. Ils signifient qu'un mandat d'amener peut être décerné contre le témoin, (V. art. 92). N'est-on pas en droit de conclure de cet article que la même peine est applicable au témoin qui, après avoir comparu, refuse de répondre aux questions qu'on lui adresse?—Ces expressions: *Toute personne citée.... sera tenue de satisfaire à la citation*, doivent faire décider l'affirmative.

Mais le législateur a su prévenir et tempérer ce qu'une pareille disposition aurait pu avoir de trop rigoureux, et l'art. 84 autorise le juge d'instruction à décharger de l'amende, sur les conclusions du procureur impérial, le témoin condamné sur le premier défaut, qui produit, sur la seconde citation, des excuses légitimes.

Aux termes de l'art. 82, chaque témoin qui demandera une indemnité, sera taxé par le juge d'instruction.

Nous avons vu que le juge d'instruction doit entendre *lui-même* les témoins. Cette règle est soumise à plusieurs exceptions. Ce qui est relatif à ces exceptions se trouve mentionné dans les art. 83 et suivants du Code d'instruction criminelle.

S'il est constaté par le certificat d'un officier de santé qu'un témoin est dans l'impossibilité de comparaître sur la citation qui lui a été donnée, le juge d'instruction doit se transporter dans sa demeure pour y recevoir sa déposition, si, toutefois, ce témoin habite dans le canton de la justice-de-paix du domicile du juge d'instruction.

Si le témoin habite hors de ce canton, mais dans l'arrondissement du juge d'instruction, celui-ci peut commettre le juge de paix, du canton qu'habite le témoin. C'est ce qu'on appelle donner une *commission rogatoire*.

Si le témoin habite hors de l'arrondissement du juge d'instruction, celui-ci doit requérir le juge d'instruction de l'arrondissement qu'habite le témoin, afin qu'il reçoive sa déposition. Ce magistrat peut aussi, quand le témoin n'habite pas dans son canton, commettre le juge de paix de celui où il habite. — Le juge d'instruction doit envoyer au magistrat qu'il a délégué, des notes et instructions faisant connaître les faits sur lesquels le témoin doit déposer; mais des termes de l'art. 28 (C. d'inst. crim.), il faut conclure que c'est le procureur impérial qui doit transmettre au magistrat délégué sa commission et les renseignements dont nous venons de parler.

Après avoir reçu les dépositions, le juge délégué doit les envoyer closes et cachetées au juge d'instruction du tribunal *saisi de l'affaire*.

Enfin, des termes de l'art. 86, il résulte : — que si le témoin auprès duquel le juge se sera transporté n'était pas dans l'impossibilité de comparaître sur la citation qui lui avait été donnée, le juge doit décerner un mandat de dépôt contre le témoin et l'officier de santé qui aura délivré le certificat. — *La peine portée en pareil cas*, sera pononcée par le juge d'instruction, sur la réquisition du procureur impérial en la forme prescrite par l'article 80.

Cette peine n'est autre que celle portée par cet article lui-même, c'est-à-dire une amende ne pouvant excéder cent francs. C'est la seule que puisse prononcer le juge d'instruction.

Mais le témoin et l'officier de santé sont encore passibles des peines portées par les articles 160 et 236 du Code pénal.

Cette Thèse sera soutenue, en séance publique, dans une des salles de la Faculté, le 1er août 1855.

Vu par le président de la Thèse,

CHAUVEAU-ADOLPHE.

Imprimerie de BELLEGARRIGUE, rue des Filatiers, 40.

www.ingramcontent.com/pod-product-compliance
Lightning Source LLC
Chambersburg PA
CBHW070527050426
42451CB00013B/2896